BEI GRIN MACHT SICH IHR WISSEN BEZAHLT

- Wir veröffentlichen Ihre Hausarbeit,
  Bachelor- und Masterarbeit

- Ihr eigenes eBook und Buch -
  weltweit in allen wichtigen Shops

- Verdienen Sie an jedem Verkauf

Jetzt bei www.GRIN.com hochladen
und kostenlos publizieren

Moritz Weisskopf

Verstehen des anderen - Interkulturelle Kommunikation und der westliche Diskurs über Herrschaftssysteme in Afrika

GRIN Verlag

Bibliografische Information der Deutschen Nationalbibliothek:

Die Deutsche Bibliothek verzeichnet diese Publikation in der Deutschen National-
bibliografie; detaillierte bibliografische Daten sind im Internet über http://dnb.d-
nb.de/ abrufbar.

Impressum:

Copyright © 2000 GRIN Verlag GmbH
Druck und Bindung: Books on Demand GmbH, Norderstedt Germany
ISBN: 978-3-640-12314-8

Dieses Buch bei GRIN:

http://www.grin.com/de/e-book/105692/verstehen-des-anderen-interkulturelle-
kommunikation-und-der-westliche

Verstehen des anderen - Interkulturelle Kommunikation und der westliche
Diskurs über Herrschaftssysteme in Afrika

(Verfasst auf Grundlage des Hauptseminars "Entwicklungspolitik als Globale
Strukturpolitik" der Freien Universität Berlin
im Sommersemester 2000)

Moritz Weisskopf

Inhalt

1. Vorwort

In der Zusammenarbeit mit afrikanischen Organisationen und Institutionen fällt immer wieder auf, dass Absprachen von beiden Seiten völlig verschieden aufgefasst und interpretiert werden. So scheinen sich Übereinkünfte mit Partnern aus Afrika immer schwieriger zu gestalten, als beispielsweise bei innereuropäischen Kontakten. Zeit- und Zielvorstellungen von gemeinsamen Projekten werden völlig different definiert.

Ursache sind verschiedenartige Vorstellungen vom Ablauf der Dinge und vom Funktionieren bestimmter Abläufe und Strukturen. Dies betrifft nicht nur den Bereich der Zusammenarbeit. Die Diskussion, was in politischen wie wissenschaftlichen Diskursen als politisch korrekte Begrifflichkeiten gelten sollen (die Frage also, was ist *pc*?), hat als Ursprung die Überlegung der Differenz zwischen verschiedenen Systemen von Lebenswelten (wie es Habermas formulieren würde).

Wenn trotz aller Bemühungen der australischen Regierung, sich ein *Sorry* gegenüber den Ureinwohnern des Landes abzuringen, von den Weißen (auch von Angehörigen einer Bildungsschicht, von der eine gewisse Reflektiertheit über die Dinge zu erwarten wäre), die Aborigines abfällig als *the blacks* bezeichnet werden, ist das latenter Rassismus. Folge der nicht in Einklang zu bringenden verschiedenen Auffassungen und Einstellungen gegenüber unserer Welt.

In der ökonomischen Debatte, angeheizt durch das, was im allgemein-wirtschaftlichen Kontext Globalisierung genannt wird und eine so genannte *global economy* hervorbringt, scheint das abendländische Modell des Wirtschaftens als das non plus ultra betrachtet zu werden. Strukturanpassungsprogramme des IWF und der Weltbank in afrikanischen und asiatischen Ländern sind die notwendige Folge einer Intoleranz gegenüber anders funktionierender Systeme. Gelder werden guten Gewissens ausgegeben, ohne jedoch die vorherrschenden Gegebenheiten und Bedingungen ausreichend analysiert zu haben.

Begründet sich eine solche „Blindheit" daraus, dass der Zugang, das *andere* zu verstehen, nicht gegeben ist?

Die Wissenschaft, vor allem die Anthropologie, die Soziologie und die Ethnologie versuchen Beschreibungen zu liefern, welche gesellschaftliche Konstellationen und Institutionen abzubilden versuchen. Max Webers Analyse der Herrschaftstypen stellt eine mögliche Rekonstruktion bestimmter Herrschaftsformen dar. Jedoch ist auch sie ein Produkt abendländischer Tradition und Sozialisation. Beschreiben, Handeln und Denken sind nur im

Rahmen der zur Verfügung stehenden, bzw. eingeübten und bekannten kulturgebundenen Zeichen möglich. Die Folge ist ein semantisches Dilemma.

2. Sprache, Denken, Handeln

,,Man sollte erst immer annehmen, daß das unsinnig erscheinende Verhalten von einer nachvollziehbaren Relation zwischen Erfahrung und Umwelt geleitet wird."[1]

Ausgangsüberlegung

Aus den im Vorwort geschilderten Beobachtungen ergibt sich folgende Problemstellung: Wenn Kulturen oder ,,Lebensformen", wie sie von Wittgenstein in Bezug auf verschiedene Weisen des sozialen Zusammenlebens genannt werden, sprachlich determinierte Institutionen sind, muss eine interkulturelle Kommunikation wesentlich mehr beinhalten, als die formale Translation von einer Sprache in eine andere. Hermeneutisch gesehen, geht es um den Umgang mit fremden ,,Texten". Der bloßen Übersetzung muss eine Sinnrekonstruktion des Fremden folgen.

Eine Offenheit und Bereitschaft dazu muss, nicht nur, wenn es sich um praktische Handlungsfelder wie z.B. der Entwicklungszusammenarbeit mit Dritte Welt Ländern handelt, gegeben sein, wenn das gegenseitige Verständnis und eine Zusammenarbeit für alle Beteiligten erfolgreich sein soll. Auch in der wissenschaftlichen Diskussion und der Analyse fremder Kulturen ist diese Offenheit notwendig.

Eine weitere These, die ich aus dieser Überlegung folgen lassen möchte betrifft die Vorstellungen von Herrschaft bzw. Herrschaftssystemen. Strukturen von Herrschaft und Macht sind gesellschaftlich konstruierte Muster und stellen somit Teile von Kulturen bzw. ,,Lebensformen" dar. Das Denken (und Urteilen) über bestimmte politische Ordnungen ist folglich kulturell determiniert.

Die Frage, die sich somit stellt lautet, wie bilden sich westliche[2] Denkmodelle hinsichtlich afrikanischer[3] Gegebenheiten.

---

[1] *Elwert (1983), S.52*
[2] *,Westlich' soll hier als das Gebiet der so genannten ersten Welt (Europa und Nordamerika) bezeichnet werden. In der Diskussion über Afrika wird oft der Terminus ,Nord-Süd' gebraucht. Auf diesen Ausdruck wird hier aufgrund der Verständlichkeit verzichtet.*
[3] *Wenn hier von Afrika die Rede ist, ist immer der Teil Afrikas südlich der Sahara gemeint.*

Sprache und Kultur

Beginnen müssen wir damit, aufzuzeigen, dass Sprache eine der Grundlagen kultureller Konstruktionen und Vorstellungen darstellt.

Mead konzipiert Sprache als signifikantes Symbol, als eine Entwicklung aus der Geste heraus. „Die vokale Geste wird zum signifikanten Symbol (...), wenn sie auf das sie ausführende Individuum die gleich Wirkung ausübt wie auf das Individuum, an das sie gerichtet ist oder das ausdrücklich auf sie reagiert, und somit einen Hinweis auf die Identität des Individuums enthält, das die Geste ausführt."[4] Der Reiz, welchen das signifikante Symbol, sprich die Sprache, auslöst und in einer daraus resultierenden Handlung mündet, wird antizipiert. So wird Sprache ein gesellschaftliches Phänomen, da es zu einer Art Wechselspiel ego alter kommt. Denken ist dann nach Mead das nach innen verlagerte Gespräch eines einzelnen mit sich selbst unter zu Hilfenahme signifikanter Symbole. Hieraus erklärt er die Möglichkeit von Geist und Intelligenz.

Die Fähigkeit des Menschen, die Mead als Geist (mind) definiert, entsteht in der Kommunikation durch die Übermittlung von Gesten innerhalb gesellschaftlicher Prozesse und Erfahrungszusammenhängen. Kommunikation ist für ihn entscheidend, für die Ausbildung des Geistes. In der Kommunikation, verstanden als die Übermittlung von Gesten, „liegt die Vorbereitung auf den vollen gesellschaftlichen Prozeß, der die Handlungen verschiedener Wesen einschließt;..."[5] Sinn oder Bedeutung kann nur innerhalb gesellschaftlicher Beziehungen entstehen. Mead spricht von der Beziehung zwischen gegebenem Reiz und den späteren Phasen der gesellschaftlichen Handlung, die ausgelöst durch die Geste, schon antizipiert worden war. In dieser Abfolge ist gesellschaftlicher Sinn verortet.

Sprache wird aber nicht aufgefasst als die Möglichkeit der Beschreibung von Situationen und Objekten. Durch sie werden Phänomene erst konstruiert. „Die Sprache symbolisiert nicht einfach Situationen oder Objekte, die schon vorher gegeben sind; sie macht die Existenz oder das Auftreten dieser Situationen oder Objekte erst möglich, da sie Teil jenes Mechanismus ist, durch den diese Situation oder Objekte geschaffen werden."[6]

Das ist für unsere Analyse wichtig. Sprache ist zunächst einmal ein gesellschaftliches Phänomen, da sie durch Kommunikation ein *sinnhaftes* Zusammenleben und gemeinsames Handeln ermöglicht. Durch sie wird die Identität eines jeden einzelnen geprägt, wenn er sich

---

[4] *Mead, S.85*
[5] *a.a.O., S.93*
[6] *a.a.O., S.117*

mit dem anderen hinsichtlich eines gemeinsamen Handelns verständigen muss und die Handlung des gegenüber in sich selbst vorwegnimmt. Weiterhin werden durch Sprache Situationen beschrieben, die es ohne sie nicht gäbe. Sprache besitzt ein konstruierendes Moment. Durch sie werden gesellschaftliche Phänomene in die Welt gebracht und können gedacht werden. ,,Der gesellschaftliche Prozeß setzt die Reaktionen eines Individuums zu den Gesten eines anderen Individuums als ihrem jeweiligen Sinn in Beziehung und ist somit für Auftreten und Bestehen neuer Objekte in der gesellschaftlichen Situation verantwortlich, die von diesem Sinn abhängig sind oder durch ihn geschaffen werden."[7]

Handelt es sich nun jedoch um verschiedene Sprachen, müssen auch die Objekte, welche durch sie zur Existenz gebracht werden, verschieden sein. Differente Sprachsysteme beinhalten verschieden Vorstellungen von der Welt, von gesellschaftlichen Institutionen und vom Leben überhaupt. Folgt man Wittgenstein und seinen Ausführungen hinsichtlich der Sprachspiele, ist Sprache eingebettet in ein gesellschaftlich antizipiertes Muster von Verhaltenserwartungen und -abläufen. Während der Sozialisation wird mit der Sprache ein System von Handlungen erworben. Es handelt sich hierbei um ein System von Handlungen, das durch Sprache einerseits konstituiert ist, wie wir mit Mead gesehen haben, und andererseits um ein gesellschaftliches Muster von Tätigkeiten und Regelmäßigkeiten.

Um beim Erwerb der Handlungssysteme zu bleiben, möchte ich auf das Konzept der Sprachspiele von Wittgestein verweisen. Sprachliche Ausdrücke erhalten ihre Bedeutung durch ihre Rolle in Sprachspielen. Sie stellen beobachtbare Verhaltensabläufe dar, in denen Sprechen und Handeln miteinander verwoben sind. Es ist die Kopplung von Tätigkeit und Äußerung in anzugebender Regelmäßigkeit. Durch diese Kopplung von Tätigkeit und Äußerung in einer anzugebenden Regelmäßigkeit entstehen die Handlungssysteme.

Diese prägen (durch ihre Regelmäßigkeit) sich zu gesellschaftlichen Institutionen aus, indem sie Muster sozialen Verhaltens etablieren. Es entstehen Regeln. ,,Regelfolgendes Verhalten läßt sich empirisch charakterisieren; regel*mäßiges* Verhalten mehrerer Leute ist regel*folgendes* Verhalten, wenn es jedem jeweils für ihn selbst und für die anderen selbstverständlich ist und eine erlernbare Leistung darstellt."[8] Es wird deutlich, dass die etablierten gesellschaftlichen Muster nun zur Vorgabe geworden sind. Sie sind festgeschriebene Handlungssysteme, welche Erwartungen und Normen beinhalten. Einige Jahre früher formulierte Savigny es so: ,,Vielmehr meint man etwas mit einem Ausdruck, indem man sich einer etablierten Verwendung einfügt."[9]

---

[7] *a.a.O., S. 117/118*
[8] *Savigny (1998), S.17*
[9] *Savigny (1994), S.226*

Deutlicher wird die Verbindung von Sprache und ihrer Einbettung in ein kulturspezifisches Handlungssystem, wenn man das Fehlen bestimmter Begriffe oder Ausdrücke in einigen Sprachen analysiert. In einer Gesellschaft ohne Autoritätsverhältnisse, besitzt die Sprache keine Befehle; die Institution des Schenkens kann es nur geben, wo Eigentum oder Besitz ein gesellschaftlich vorfindbares Faktum ist. Die Differenzen werden klar und somit die logische Konsequenz der Etablierung verschiedener „Lebensformen", wie sie Wittgenstein nennt.

Interkulturelle Kommunikation

Sprache und die Konstruktion von Kultur bedingen sich gegenseitig und sind jeweils konstruktiver Bestandteil des anderen. Das bildet die Grundlage der Analyse interkultureller Kommunikation.

Es geht um die Begegnung zweier Kulturen. Wie schon im Vorwort formuliert, muss eine Verständigung scheitern, hält man sich an formale Übersetzungen von einer Sprache in die andere. Krasser gesagt, eine Übersetzung von einer Sprache in eine andere erscheint unmöglich, wenn wir annehmen, dass Sprachen aus grundverschiedenen Handlungssystemen oder „Lebensformen" (Wittgenstein) resultieren.

Halten wir uns an die Argumentation Schneiders, können wir folgendes Bild nachzeichnen. Eine reine Synchronisation von Zeichen bei einer Übersetzung von einer Sprache in eine andere, würde die Sprache aus ihrem Zusammenhang, sprich, aus ihrem Handlungssystem herausreißen. Sprache ist mehr, als eine bloße grammatikalische Abfolge von Zeichen zur Verständigung. Während der Übersetzung müssen wir einen „Umweg" gehen, eine Weg von außen nach innen, um dann wieder nach außen zu gelangen, in die andere Sprache und das andere Weltbild. Es geht um die (Re)konstruktion von Sinn. Wie auch bei Mead der Sinn innerhalb der Handlungsketten, welche auf den Reiz einer Geste hin passieren sich konstituiert, da die Reaktion aufgrund gesellschaftlicher Institutionen antizipiert werden kann, muss Sinn, als ein drittes Element, bei einer fremden Sprache immer konstruiert werden. Es gibt keine gesellschaftlichen Muster der Erwartung, da die Handlungssysteme (der fremden Sprache) unbekannt sind. Wir müssen versuchen, über die fremde Sprache ihr Handlungssystem zu rekonstruieren; versuchen, den Sinn dessen zu erfassen, was uns mitgeteilt werden soll, und dann erst können wir das Gemeinte in unsere Worte fassen. Bestandteil der Übersetzung sind immer drei Elemente: Sprache 1, (Re)Konstruktion des Sinns bzw. Versuch der Erfassung des Handlungssystems und Sprache 2.

Hieraus ergibt sich ein Problem, zumal in praxisrelevanten Handlungsfeldern wie beispielsweise der Entwicklungszusammenarbeit. „Wir sprechen [und Übersetzen] stets aus der Perspektive, die wir bislang gewonnen haben; neutralen Grund können wir hier nicht in Anspruch nehmen."[10] (Einfügung M.W.)

Nach Schneider bedarf es an dieser Stelle einem neuen Verständnis von Kommunikation. Es ist kein Verständnis, welches die Sprache als reinen Transport identischer Gedanken auffasst.

Gerade im Kontakt mit Afrika muss man Vorsicht wallten lassen, um nicht in koloniales Denken zu verfallen. So wie Horstmann in Bezug auf Mall äußert, ist die totale Differenz, also die völlige Wesensungleichheit der Kulturen, ein voreiliges und koloniales Postulat, um dass Fremde entweder im eigenen Sinne zu verändern, zu vernachlässigen oder es auszurotten. Das Fremde darf nicht negiert werden, indem es durch die Assimilation in das eigene, sprich die formale Übersetzung, aufgesogen wird.[11] Er macht einen europäisch - afrikanischen ,,Traditionszusammenhang" aus, welcher sich durch eine wechselvolle Geschichte der beiden Kulturen etabliert hat. Das ,echte Fremde' werde man in einer modernen Welt ohnehin kaum mehr finden. Der Fokus liege auf Aufklärung und der Beseitigung historisch entstandener Vorurteile. ,,Folgerichtig lautet eine der in diesem Zusammenhang erhobenen zentralen Forderungen, jene ,,Begegnung" von vornherein als *Dialog zwischen prinzipiell gleichrangigen Subjekten* zu begreifen und zu gestalten."[12]

Es ist nicht einfach, einen Dialog zwischen zwei völlig wesensungleichen Kulturen zu denken, zumal, wenn es um normative Elemente, also Wertvorstellungen geht. Genannt seien beispielsweise die öffentliche Legitimation von Körperstrafen oder die Nicht-Gleichberechtigung der Frau in all ihren Formen. Cesana führt an dieser Stelle den Begriff der Inkommensurabilität ein. ,,Bei Wertvorstellungen, die ihre Herkunft in einer bestimmten Kultur haben, verhält es sich oft so, daß sie mit Wertvorstellungen anderer Kulturen unvergleichbar, d.h. inkommensurabel sind, und zwar ebenso, wie *wissenschaftliche Paradigmen* oder Sprachsysteme inkommensurabel sind."[13] (Hervorhebung M.W.) Er bezieht die Problematik auch auf wissenschaftliche Felder, denn die Inkommensurabilität macht er auch in wissenschaftlichen Paradigmen aus. Der Begriff der Inkommensurabilität verweist aber auf noch mehr, was für unsere Arbeit wichtig ist. Das, was Schneider als drittes Element ausmachte, einen inneren Ort der Konstruktion von Sinn, welcher zwischen beiden Sprachkulturen steht, bildet hier, wenn es um normative Belange geht, einen Problempunkt. ,,Inkommensurabilität bezeichnet - unabhängig von der Interkulturalitätsproblematik - einen Grundsachverhalt rationalen Argumentierens, der immer dann auftritt, wenn die Beurteilung

---

[10] *Schneider, S.30*
[11] *Horstmann nennt es in Bezug auf eine ,,traditionelle Hermeneutik" Horizontverschmelzung, als die zu aktive Aneignung eines fremden Objektes.*
[12] *Horstmann, S.443*
[13] *Cesana, S.120*

zweier Aussagen anhand eines für beide geltenden Maßstabes nicht möglich ist."[14] Die Sinn(re)konstruktion wird hier problematisiert, da ein gemeinsamer Bezugsrahmen nicht zu finden ist. „Es gibt keine dritte, gleichsam archimedische Instanz,", so Cesana: „die eine unabhängige Beurteilung von Richtigkeit und Falschheit der in Frage stehenden Werte durchzuführen vermöchte."[15]

Die Gefahr innerhalb eines solchen interkulturellen Dialoges, ohne gemeinsamen (normativen) Bezugsrahmen besteht in der Aufgabe der Identität der eigenen Person. Angst entsteht dort, wo Unbekanntes sich auftut.[16] So kann interkulturelle Kommunikation kulturellen Orientierungsverlust zur Folge haben. Diese Möglichkeit setzt die Bereitschaft auf das Einlassen eines solchen Dialoges herab. „Erkenntniswille und Flexibilität in der Interpretation [von Sinn innerhalb des Dialoges] finden dort ihre Grenze, wo die wesentlichen Elemente der eigenen Perspektive gefährdet bzw. erschüttert werden."[17] (Einfügung M.W.)

Andererseits ist eine solche Form des Dialoges auch nur dann möglich, wenn eigene Identitäten eingebracht werden können. Man kann den Versuch des Findens des anderen nicht vollziehen, wenn man selbst nicht weiß, auf welchen Bezug man zurückgreift. Es ist notwendig, beide Perspektiven, die eigene und die andere, aufzuzeigen und zu hinterfragen. Nur so ist ein interkultureller Dialog führbar.

3. Verschiedene politische Funktionsweisen

Es gibt zwei Aspekte innerhalb eins Diskurses über Herrschaftssysteme, die uns interessieren können. Erstens ist es die sprachliche Determination von Herrschaftssystemen, aufgrund der Verbindung von Sprache und Ausprägung kultureller Muster. Dass es eine solche geben muss, haben wir unter **Sprache und Kultur** gezeigt.

Den Aspekt der wissenschaftlichen Bearbeitung von politischen Systemen in Afrika möchte ich in Punkt 4. betrachten.

---

[14] *a.a.O., S.120*
[15] *a.a.O., S.121*
[16] *Auswirkungen solcher Angst, die aus kulturellem „Mißvertstehen" resultieren, sind beispielsweise Rassismus oder Xenophobie.*
[17] *Kassé, S.87/88*

Zwei Systeme

Zwei ,,Muster" politischer Funktionsweisen, möchte ich hier aufzeigen. Das erste können wir für einen Teil der westlichen Welt konstatieren, das zweite stellt ein Herrschaftssystem dar, welches vorwiegend im Süden Afrikas zu finden ist.

Es geht bei der Gegenüberstellung nicht um die so genannte demokratisch legitimierte Ordnung (im westlichen Sinne). Diese gibt es zumindest formal auch in vielen Staaten Afrikas. Es geht auch nicht um das Erlangen von Macht, denn Macht ist innerhalb des politischen Prozesses ein wesentliches Element. Folgt man Patzelt, ist das Streben nach Macht ein Bestandteil jeglicher Politik. Machtakkumulation ist notwendig zur Erreichung von Positionen, in denen Entscheidungen wirkend getroffen werden können.

Es geht um das eigentliche Funktionieren der sich konstituierten Herrschaft. Das meint die Strukturen eines Machtapparates, welcher sich formal nach außen z.B. durch öffentliche Wahlen, legitimiert hat.

Im westlichen Politikverständnis agieren verschieden politische Akteure (Parteien, Interessengruppen, Fraktionen etc.) nebeneinander und haben Teil am politisch-gesellschaftlichen Diskurs. Politik wird, um mit einer Definition aus der Politikwissenschaft zu sprechen, als die Herstellung allgemeinverbindlicher Regeln und/oder Entscheidungen verstanden. Das Verständnis des politischen Systems verdeutlicht die Grafik.[18]

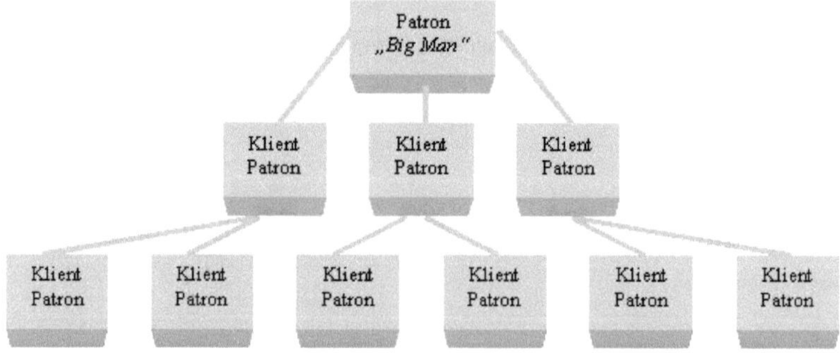

Im südlichen Afrika sind ursprüngliche Formen des Zusammenlebens mit ihren Herrschaftsstrukturen durch die Herrschaft der Kolonialmächte z.T. mehrfach überformt worden. ,,Die Kolonialisierung traf in Afrika mit wenigen Ausnahmen ... nicht auf patrimoniale oder feudale Herrschaftsformen, sondern auf archaische Gesellschaften, die durch die Kolonialverwaltung dann in Folge vielfältig ge- und verformt wurden. Im nachkolonialen Staat

---

[18] *Grafik in Anlehnung an Patzelt S.128 erstellt*

entstanden daraus zum Teil hierarchische Systeme von Klientelbeziehungen, in denen die Patrone und ihre Klientel auf den verschiedenen Ebenen wechselseitig verpflichtet sind."[19], so Molt. Das Funktionieren heutiger Hierarchien in vielen teilen Afrikas zeigt die Grafik.

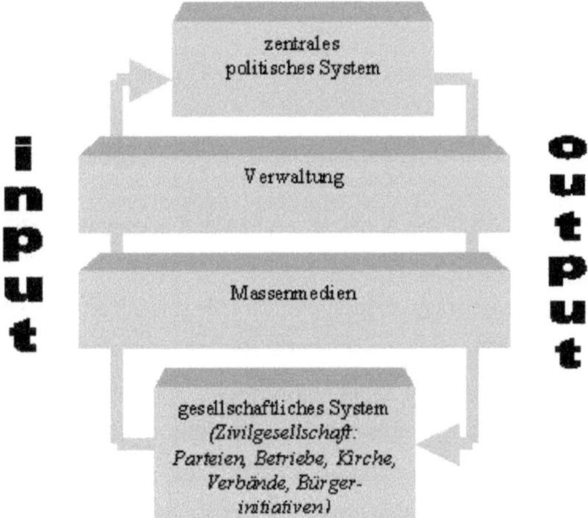

Die Strukturen der archaischen Kulturen in Afrika waren klientelistisch. Das zeigt auch Molt: „Die Mehrheit der Bevölkerung ist durch die größere zeitlich Nähe zur Tradition archaischer Gemeinschaftsstrukturen weniger autoritär geprägt als in Regionen mit langer patrimonialer Herrschaftsstruktur. Die politische Kultur der Bevölkerung ist, soweit man das beurteilen kann, zwar auf personell-klientelistische Unterordnung unter die Führung, auf den Vorrang des Alters und des männlichen Geschlechtes angelegt, aber es gibt in dieser Beziehung das Element wechselseitiger Verpflichtung."[20]

Die hierarchischen Klientelstrukturen, welche sich als Folge des mehrere Jahrhunderte dauernden kolonialen Systems nun etabliert hat, spaltet die Bevölkerung in zwei politisch wie kulturell völlig voneinander getrennte, ungleich große Teile. In eine anteilig meist sehr kleine Oberschicht („Staatsklasse"), welche meist westlich orientiert ist. Sie besitzt den Großteil fast aller wirtschaftlichen Ressourcen, hat meist eine europäische Bildung genossen und spricht die vormals koloniale Sprache als Amtssprache.

Der wesentlich größere Teil der Bevölkerung orientiert sich auf soziale Strukturen, wie sie vor der Kolonialisierung waren. Dieser Prozess führt, folgt man Molt, einerseits zu einer totalen Abkopplung der politisch herrschenden Klasse von der Bevölkerung und im Weiteren

---

zu einer neuen Ethnogenese. Es prägen sich zwei Lebenskulturen aus, die sich in Denkweise und Sprache unterscheiden.

Probleme der herrschaftlichen Situation im heutigen südlichen Afrika

Eine Interpretation der Situation im heutigen südlichen Afrika gelingt nur, wenn wir uns die Ursachen der Herrschaftsentstehung betrachten. Diese allerdings sind sehr vielschichtig und innerhalb des wissenschaftlichen Diskurses darüber gibt es dazu noch keine Einigung.

Wie wir gesehen haben, baut sich Herrschaft im südlichen Afrika auf klientelistischen Netzwerken auf. Afrika wurde in den 60er Jahren vom Joch der Kolonialisation befreit und dann ,,allein gelassen." Nach der Entkolonialisierung versank und versinkt der Süden Afrikas in Anarchie und Bürgerkrieg. Anderson zitiert einen angolanischen Geschäftsmann: ,,Stellen Sie sich mal vor, sie lassen ihre Kinder allein zu Haus, ohne irgendwelche Anweisungen. Die würden doch alles kaputtmachen."[21] Das Bild, welches sich in der westlichen Vorstellung für Afrika bildet, wird klar. Wirtschaft und Staat, alles scheint, nun, wo Afrika auf sich gestellt ist, anders oder gar nicht zu funktionieren.

Eine mögliche Entwicklung, wie man sie sich im Westen für den Kontinent vorstellte, fand nicht, oder zumindest nur in Teilen statt. Der typisch westliche Gesellschaftsaufbau in eine Erwerbsgesellschaft und den Staat hat in Afrika nicht stattgefunden. Staatszerfall ist heute eines der größten Probleme.

Unterstützung beim Aufbau politischer Strukturen fand bis 1990 in wechselseitiger Konkurrenz der beiden politischen Blöcke statt. Jedoch hat das Interesse an Afrika seit dem Ende des Ost-West-Konfliktes stetig nachgelassen. Heute sind es nur noch (geringe) privatwirtschaftliche Interessen, die im Rahmen einer sich globalisierenden Wirtschaftsstruktur für das gesamte Afrika förderlich sein könnten, aber nicht sind. ,,Mehrheitlich gehört Afrika südlich der Sahara heute schon zu den Verlierern der ökonomischen Globalisierung"[22], meint Tetzlaff. Statistiken des Wirtschaftshandels mit Afrika zeigen diese Problematik deutlich.

Tetzlaff führt drei Ursachen auf, welche für die Erosion des Staates verantwortlich sind. Es sind die Selbstbereicherung und Korruption der Staatsklasse, die traditionalen, archaischen Verhaltensweisen einiger Bevölkerungsteile, sowie die wechselseitige Verstärkung des unprofessionellen und unverantwortlichen Verhaltens der administrativen Führungsschicht

---

[21] *Anderson, S.18*
[22] *Tetzlaff, S.310*

und dominanter Bevölkerungsteile. Er macht an dieser Stelle ein vorkoloniales Erbe aus, welches sich in einer Art Institutionengemenge konstituiert. Staatliche Praxis und sozikulturelle Tradition prallen aufeinander. „Eine Hauptursache der ‚afrikanischen Krise‘", so Tetzlaff: „ist dem radikalen Bruch zwischen den vorkolonialen, traditionalgeprägten Institutionen der Selbstregierung und den Einrichtungen der modernen (Kolonial-) Verwaltungen der Europäer zu sehen." Und weiter heißt es: „In dem Maße, in dem eigene soziale Institutionen zerstört werden oder nicht genügend Zeit zur Bildung und Fortbildung haben, wächst auch die innere Verunsicherung und schließlich die externe Beeinflussbarkeit." Herrschaftspositionen wurden im postkolonialen Afrika von oben her besetzt und hatten keinerlei mehrheitliche Basis. Erreichung und Erhalt von Herrschaftspositionen (innerhalb der Staatsklasse) werden zum vornehmlichsten Ziel und zwar insofern, dass diese Positionen die einzige Möglichkeit bieten, um Macht und Geld zu erlangen.

Es wird erkennbar, dass der westliche Staatsimport nach Afrika ein sinnfreies Unterfangen zu sein scheint. Auch trügt die Annahme, dass die nach außen hin politische Stabilität zu wirtschaftlichem Wachstum und nachholender Entwicklung eine Voraussetzung sei. Die Abwanderung von Arbeitskräften in den Westen ist in dem Maße enorm, indem diese nicht die Möglichkeit der politischen Partizipation an dem dort meist vorherrschenden Ein-Parteisystem des Staates besitzen.

Die Gesellschaft, welche nach der Entkolonialisierung blieb, hat keinen gemeinsamen Sozialethos, sei es durch die willkürliche Grenzziehung zur Zeit der Kolonialherren oder durch die Spaltung der Gesellschaft in Staatsklasse und Volk. Diese Umstände machen das Zusammenführen verschiedener Interessen fast unmöglich.

So wie Tetzlaff konstatiert, stehen sich eine ‚moderne‘, europäische Regierungsschicht und ein Volk, welches sich auf vorkoloniale traditionale Institutionen beruft gegenüber. Ein evidentes Beispiel der letzten Zeit ist der Machtantritt Joseph Kabilas in der Demokratischen Republik Kongo, welcher zwar Französisch und Englisch, nicht aber (zumindest eine) Sprache des eigenen Volkes spricht.

4. Westliche Interpretation und afrikanische Realität

„Dialog bedeutet, also Fremdes in fremden Anschauungen zu respektieren."[23]

---

[23] *Kassé, S.91*

Wie geht der Westen mit dieser Problematik um? Welche Diskurse über die Situation werden geführt und welche Notwendigkeiten des Führens wissenschaftlicher Diskussionen werden konstatiert?

Das Bild Afrikas ist eine westliche Konstruktion. Einerseits dadurch, dass innerhalb der westlichen Diskurse Sinn bezüglich des Begriffes Afrika produziert werden muss, der auch „verstanden" werden kann, andererseits ist die Geschichte Afrikas grundlegend durch den Kolonialismus geprägt. Afrikanische Völker integrierten die europäische Geschichte in ihre und produzierten weiter Geschichte, die als eine Art Vermischung aus beiden Kulturen gesehen werden kann[24], so Macamo.

Begriffe wie Staat, nation building oder Korruption sind Termini westlicher Reflexion. Angewandt auf den afrikanischen Kontinent werden sie innerhalb der Diskurse. Wissenschaftliche Diskurse sind Konstruktion von Sinn zwischen verschiedenen Wahrnehmungshorizonten. Das, was über Afrika und dessen Probleme in die wissenschaftliche Diskussion einfließt, wird dort, wo der Sinn (re)konstruiert wird, verarbeitet. Wir befinden uns also an jenem Ort innerhalb der interkulturellen Kommunikation, wo der Sinn sich konstituiert und wo beide Kulturen aufeinander treffen.

Ich möchte zwei Beispiele westlichen Begriffsdenkens aufführen, die das Bild Afrikas in der wissenschaftlichen Diskussion prägen. Zum einen ist es der Begriff des Staates und zum anderen der Begriff der Korruption.

Der Begriff des Staates ist ein historisch-abendländisches Paradigma. Es wird innerhalb der Diskurse als *a priori* konstatiert. Der Import des Staates, so haben wir bereits gesehen, ging und geht nicht einfach von statten. Der Staat ist im südlichen Afrika Instrument von persönlicher Bereicherung und teilweise gewalttätiger Machtausübung gegenüber feindlich gesinnten Gruppen. So verschwinden beispielsweise gut gemeinte Hilfsgüter oft in den Führungschargen des Staates.

Aber immer wieder sind Argumentationen zu finden, die die Stärkung des Staates als einziges Mittel zur Problembewältigung sehen.

Die Beschreibung des Prozesses der Globalisierung benötigt nach wie vor Staaten als wichtige Elemente und Akteure innerhalb des global stattfindenden Austauschprozesses.

---

[24] *Macamo schreibt dazu: „Die Eigenartigkeit der afrikanischen Geschichte besteht allerdings darin, daß dieser individuelle Prozeß der Konstruktion der Wirklichkeit eine andere Dynamik erhielt, die entscheidend für die Definition dessen war, was Afrika ist. Es war die europäische Kolonialisierung des Kontinents. Während sich die Europäer und ihre Wissenschaft damit beschäftigten, den Afrikanern Geschichtslosigkeit zu unterstellen, integrierten diese Völker das europäische Element und produzierten weiter ihre Geschichte." (Macamo, S.52)*

Wer ist beispielsweise Ansprechpartner in sicherheitspolitischen Fragen, wenn kein Staat vorhanden ist?

Die Notwendigkeit eines Staates scheint absolut zu sein.

Der Begriff der Korruption wird oft viel zu leichtfertig in der Diskussion über Afrika verwendet. Was so oft als korrupt erscheint wird klarer, wenn man sich die Entstehung der Warenökonomie und der Einführung der Geldwirtschaft in Afrika vor Augen führt. Wie schon erwähnt, trafen die Kolonialmächte in Afrika auf archaische Gesellschaften. Diese waren gekennzeichnet von nicht-monetären Strukturen. Tausch von Gütern und Leistungen bildete die Grundlage der Ökonomie. Außer des Tausches nicht-monetärer Güter, kommt zu dieser Form der Ökonomie die ‚generalisierte Reziprozität' hinzu. Man versteht darunter, dass eine Gabe oder Leistung, welche in Erfüllung eines moralischen Anspruchs ohne, dass eine Gegengabe erwartet wird, gegeben wird.[25] Äquivalenzausgleich gibt es nicht. Elwert nennt diese Art des Wirtschaftens auch Moralökonomie.

Nach der Einführung der Warenökonomie und der Geldwirtschaft erhielten alle Leistungen und Tauschgüter mit der Zeit monetären Charakter. „Diese Waren-Werdung erfaßt nun eigentümlicherweise weniger die eigentlichen Gebrauchsgüter und deren materiale Produktionsmittel, sondern soziale Güter wie Liebe, Ehe, Recht, Vergebung der Sünden, transzendentalen Schutz, Zugang zu Ämtern und Prestigesymbolen. Liebe wird zur Prostitution, aus Brautpfändern und Brautgaben werden Brautpreissysteme mit börsenähnlichen Preisentwicklungen, Recht wird zu Korruption, die Sünden werden für Ablaß oder die Buchung einer Pilgerfahrt vergeben, der Kauf eines magischen Rituals oder Amuletts bringt Schutz, Ämter werden käuflich (Simonie) und Prestige kann mit Waren gekauft werden, ..."[26] Tauschstrukturen, welche das soziale Miteinander grundlegend determinierten, wurden ersetzt durch die pragmatischen Tatsachen des monetären Marktes.

Das soziale Gut Sicherheit beispielsweise kann über den Mechanismus der Angst zu einer käuflichen Ware werden, wenn gegen Geld Schutz angeboten wird. So fließen Macht und Geld zusammen, oder wie Elwert sich ausdrückt: „Das Geld fließt dorthin, wo die Macht ist."[27] Er nennt diesen Vorgang ‚venale Akkumulation'. Von Korruption kann in diesem Sinne hier nicht gesprochen werden, da keine sozialen Normen verletzt werden. Zur Definition der Korruption[28] gehört die Verletzung von allgemein anerkannten Wertvorstellungen. Durch Geld und der daraus resultierenden Käuflichkeit wurden die ursprünglich geltenden

---

[25] *siehe Elwert (1987), S.312*
[26] *Elwert (1987), S.304*
[27] *a.a.O., S. 307*
[28] *Es kann hinsichtlich des Begriffes der Korruption in Hillmann, Karl-Heinz: Wörterbuch der Soziologie, Kröner, Stuttgart, 1994 nachgeschlagen werden.*

normativen Bezüge hinsichtlich der sozialen Leistungen unterlaufen. So stellt sich das Verhalten eines ‚Kontrolleurs‘, der auf afrikanischen Straßen ‚Schutzgelder‘ eintreibt (und als Gegenwert Schutz anbietet), für ihn nicht als korruptes Verhalten dar.

Somit ist bei der Beurteilung so genannter korrupter Systeme in Afrika (aus westlicher Perspektive) Vorsicht geboten, da normative Vorstellungen sich in beiden Perspektiven unterscheiden.

Eine Ebene gemeinsamer Kommunikation?

Begriffe wie Staat und Korruption haben sich aufgrund ihrer westlichen Existenz und Tradition als sinnhafte Konstrukte in den wissenschaftlichen Diskursen konstituiert. Mit diesem Begriffsvokabular werden Situationsbeschreibungen für Afrika versucht.

Zwar ist die afrikanische Geschichte, wie bereits gezeigt, durch europäische Einflüsse maßgeblich gestaltet worden, jedoch, so denke ich, sind die in hiesigen Diskursen verwendeten Begriffe nicht ausreichend zur Charakterisierung afrikanischer Realitäten. Ihre Unzureichlichkeit resultiert aus ihrer Einseitigkeit. Diese Begriffe sind historisch aus der Kultur des Abendlandes entstanden und reflektieren so auch nur abendländische Geschichte.

Mergner stellt dazu folgende provokante These auf: „Die Wissenschaften sind zwar von der Methodik, von ihren Aufgaben und Kommunikationsmöglichkeiten heute universal. Denn sie wären damit in der Lage, die abstrakten, aber irreversiblen Prozesse der durch den Weltmarkt verursachten globalen ökologischen, ökonomischen und politischen Auswirkungen begreifbar und reflektierbar zu machen. Doch die Voraussetzungen dazu wären die Fähigkeit zur Kommunikation vor allem auch mit den Ländern des Südens, die Fähigkeit zur Kooperation bei der Bearbeitung universaler Probleme und die Fähigkeit zur politischen Verantwortung für die Folgen des eigenen Handelns. Daran hindert sie ihr eurozentristisches Denken: das heißt, die neurotische Anbindung und Verknüpfung ihrer Vorstellungen, Meinungen, Absichten und Stereotypen an die europäische Gewalt- und Herrschaftsgeschichte. Die Gründe für die eurozentristische Borniertheit der Wissenschaften liegen vor allem an einem unreflektierten Festhalten an den ihnen in der europäischen Gewaltgeschichte zugewiesenen Privilegien."[29]

---

[29] *Mergner, S.62*

Denkstrukturen auch innerhalb der Wissenschaften sind in dieser Traditionalität gefangen, denn „[d]ie geschichtlich entstandenen Strukturen bestimmen damit weiterhin die Weltbilder und das Bewusstsein der Kolleginnen und Kollegen im Wissenschaftsbereich."[30]

Mergner bezieht dabei alle Wissenschaften ein. „Indem europäische WissenschaftlerInnen weiterhin die Entwicklungsländer als Natur-Raum betrachten, den man im Interesse der wissenschaftlichen Erkenntnis unbegrenzt durchforschen darf, ordnen die sich in die erzwungene herrschende Weltordnung ein. Diese Ordnung lenkt nicht nur die Militär- und Industrieforschung, sondern auch die *geisteswissenschaftliche* Forschung."[31] (Hervorhebung M.W.)

Laut Mergner sind die Wissenschaften (noch) nicht dazu befähigt, eine Ebene für eine interkulturelle Diskussion zu schaffen. Auch die europäische Wissenschaft ist Kind abendländischer Kultur und so in ihr verhaftet. Der Ort, in welchem Sinn entsteht, der außerhalb kulturbedingter Grenzen liegt, ist noch nicht gefunden.

Cesana geht mit seiner Kritik sogar soweit, zu sagen, dass die abendländische Tradition kaum in der Lage dazu ist, interkulturelle Kommunikation überhaupt zu ermöglichen. „Die Tatsache, daß der interkulturelle Kommunikationsprozeß - wie jeder Kommunikationsprozeß - nicht über inkommensurable Positionen hinausführen kann, ist in der abendländischen Tradition merkwürdig verdeckt geblieben. Es sind - soweit ich sehe - vor allem zwei spezifisch abendländische Vorstellungen, die dazu beitragen, daß das Inkommensurabilitätsproblem kaum je in den Blick kommt: die Einheitsvorstellung und die Einigungs- bzw. Kompromißvorstellung."[32]

Er erwähnt zwei weitere kulturelle Wertvorstellungen - Einheitsvorstellungen und Einigungsvorstellungen.

Das Nicht-Übereinkommen mit kulturell verschiedenen Positionen scheint ein grundlegendes Problem zu sein, zumal, wenn wie oft vertreten, die eine Seite in ihrer hegemonialen Sicht verharrt.

Eine möglichst ideale Kommunikationssituation bleibt somit Utopie. Es ist notwendig, die eigene Identität nicht nur in den interkulturellen Diskurs einzubringen (wie wir in **Interkulturelle Kommunikation** gesehen haben), sondern sie muss, und dies als erstes, reflektiert werden.

---

[30] *a.a.O., S.62*
[31] *a.a.O., S.62*
[32] *Cesana, S.121*

„Das *Bewußtsein*, daß die eigenen Wertvorstellungen auf kulturapriorischen Voraussetzungen beruhen, die im Rahmen des eigenen Weltbildes nicht hinterfragbar sind, läuft auf eine Relativierung der eigenen Wertmaßstäbe hinaus, die ihren überkulturellen Absolutheitsanspruch aufzugeben haben. Die Anwendung dieser Maßstäbe auf fremde Kulturen erweist sich somit als problematisch und oft genug als unangemessen. Ein solches kulturrelativistisches Normenverständnis stößt heute auf zahlreiche Widerstände, die sich jedoch ihrerseits als kulturbedingt herausstellen. Denn es ist nur ein in unserer Denktradition begründetes, spezifisch abendländisches Vorurteil, wenn uns Wertvorstellungen irgendwie als ‚entwertet' und irgendwie auch als weniger verbindlich erscheinen, sobald ihnen eine abschließende Begründung fehlt oder sobald sie ihren Anspruch, universal verbindlich zu sein, verlieren."[33] (Hervorhebung M.W.)

Cesana macht sogar Widerstände aus, die sich gegen kulturrelativistische Herangehensweisen richten. Diese Widerstände begründen sich aus der Einsicht der Gefährdung der eigenen kulturellen Identität.

Dass die Unsicherheit von Identitätsverlust bis in die Wissenschaft hinein gilt, zeigt auch Mergner. Sie schlägt sich negativ in der Konstruktion wissenschaftlicher Theoreme nieder. So meint er in Beziehung auf Claus-Dieter König, „daß Machtanalysen und dann auch Gesellschaftsanalysen blind werden, wenn sie nicht den Widerspruch zwischen staatlichem Gewaltmonopol und zivilen Selbstorganisationen beachten."[34] Das heißt also, dass die von ihm so genannten sozialen Lebensorte, die kulturelle Wirklichkeit mit ihren normativen Mustern vor Ort, mit in die wissenschaftliche Konstruktion von Theorie einfließen müssen, damit die Theorie ihren Wahrheitsanspruch aufrecht erhalten kann.

Warum eigentlich führen wir Diskurse

Nur kurz möchte ich an dieser Stelle die Frage aufgreifen, wieso der Westen Diskurse über die afrikanische Situation verfasst, bzw. in welchem Maße er dies tut.

Einiges ist schon im Punkt **Problem der herrschaftlichen Situation im heutigen südlichen Afrika** angesprochen worden. Primär werden wirtschaftliche Aspekte betont, die Afrika für den Westen interessant machen könnten. Mair teilt die Interessen an Afrika in wirtschaftliche, sicherheitspolitische, ökologische und Wertinteressen ein.

---

[33] *a.a.O., S.28*
[34] *Mergner, S.64*

Hinsichtlich wirtschaftlicher Interessen ist die Bedeutung Afrikas für den Westen marginal. Darin sind sich Mair und Kappel (sogar im Wortlaut ihrer Ausführungen!) einig.[35]

Unmittelbare sicherheitspolitische Interessen gibt es kaum, mittelbare dagegen eher. Staatszerfall und zunehmende Bürgerkriege lassen das Interesse des Westens an Afrikas wachsen. Auch bietet diese Situation genügend Material für wissenschaftliche Ex- und Diskurse. Die Auswirkungen dieser Entwicklungen im Süden Afrikas auf die globale Entwicklung werden theoretisiert. Durch die wissenschaftliche Beschreibung der Situation können möglicher Szenarien konstruiert werden. „Ein weiteres Auseinanderklaffen der Wohlstandsschere zwischen Nord und Süd dürfte sich auch langfristig auf die Sicherheit der Bürger im Norden negativ auswirken. Verschärfung des Migrationsdrucks, neue Formen des internationalen Terrorismus, die Ausbreitung religiöser Fundamentalismen und aggressive Auseinandersetzungen in internationalen Organisationen und Foren könnten die ersten Ausprägungen eines verschärften Nord-Süd-Konfliktes sein."[36], so die Prognosen Mairs.

Ähnlich verhält es sich mit den ökologischen Interessen. Die Erhaltung des tropischen Regenwaldes beispielsweise ist von globaler Bedeutung. Hier sind weiterhin Begründungen, sowie Vorschläge und Maßnahmen seitens der Naturwissenschaftlichen aber auch der Wirtschaftswissenschaften gefragt.

Weiterhin gibt es so genannte idealistische Interessen an Afrika, welche mit rationalen Interessenkalkülen gepaart sein können. Eine Weltordnung kann nur durch friedlichen Austausch und damit verbunden, mit friedlichem wirtschaftlichem Austausch funktionieren. Deshalb muss die Außenpolitik der Länder des Westens auch idealistische Aspekte mit in sich aufnehmen.

Es gibt folglich die Notwendigkeit von Diskursführungen über Afrika. Auch wenn die wirtschaftlichen Interessen marginal sind, so gibt es Aspekte, die in einer globalen Sichtweise die *Notwendigkeit* ihrer Betrachtung aufzeigen. Das globale Klima ist ein solches Thema. Dass diese Aspekte nicht isoliert diskutiert werden können, sondern in einen interdisziplinären Diskurs einmüden müssen, ist selbstverständlich.

---

[35] Mair, wie Kappel schreiben hierzu, dass unmittelbare, wie mittelbare Interessen des Westens an Afrika, höchstens nur an Südafrika, bestehen. Bei Kappel heißt es dazu: „Zwar verfügen zahlreiche afrikanische Staaten über große Vorkommen an mineralischen Rohstoffen und sind wichtige Produzenten landwirtschaftlicher Produkte. Doch sind diese Anteile mit wenigen Ausnahmen nicht so groß, dass sie eindeutige Abhängigkeitsverhältnisse definieren würden." (Kappel, S.3)
[36] *Mair, S.6*

5. Resümee

Zusammenfassung

Im ersten Abschnitt über Sprache und Kultur ist erläutert worden, wie Sprache als Objekt- und situationskonstituierendes Element fungiert. In Anlehnung an Mead konnte gezeigt werden, dass Konstruktion gesellschaftlichen Sinns durch Sprache funktioniert.

Verschiedene Sprachsysteme bringen folglich verschiedene Konstruktionen gesellschaftlicher Realitäten bzw. verschiedenen gesellschaftlichen Sinn hervor. Wittgenstein formulierte, dass mit der Sprache in der Sozialisation ein System von Handlungen erworben wird. Dies bestätigt die Annahme, dass verschiedene Sprachen verschiedene Handlungsmuster und Sinnhorizonte konstituieren.

Bloße synchrone Übersetzung von einer Sprache in eine andere funktioniert nicht. Die Konstruktion von Sinn, von einem dritten Element, welches Sinnträger ist, ist absolut notwendig, um den Inhalt der anderen Sprache zu erfassen. Hortsmann sieht im Vermeiden des Versuchs den Sinn zu konstruieren, ein koloniales Denken. Wenn es um Wertvorstellungen geht, spielt der Inkommensurabilitätsgedanke, welchen Cesana einbringt, eine wichtige Rolle. Er beschreibt die Unerreichbarkeit eines Konsenses, da kein gemeinsamer normativer Bezugsrahmen gegeben ist.

Es werden dann zwei Herrschaftssysteme gegenübergestellt, ein Muster westlicher Herrschaft und ein typisches Muster afrikanischer Herrschaftsstrukturen. Die größten Probleme afrikanischer Gesellschaften sind deren Staatszerfall und die zunehmende Anzahl von Bürgerkriegen und bürgerkriegsähnlichen Situationen. Tetzlaff macht drei Ursachen der Erosion des Staates aus. Es wird deutlich, dass westlicher Staatsimport ein sinnloses Unterfangen ist.

Zwei Gedankengänge sind von Wichtigkeit. Erstens, dass Herrschaftssysteme Handlungssysteme darstellen, welche sprachlich determiniert sind; zweitens, dass die wissenschaftliche Reflexion auf afrikanische Situationen, wie Herrschaftsverhältnisse immer Reflexionen eigener Tradition sind. Das heißt, westliche Diskurse über Afrika gehen immer von westlichen Sinnhorizonten aus und verweigern sich somit anderen Sinnkonstruktionen, wie beispielsweise afrikanischen.

Im Weiteren werden der Begriff Staat und der Begriff der Korruption als Termini westlicher Denktraditionen ausgemacht.

Mergner und Cesana zeigen auf, dass in wissenschaftlichen Diskursen die Ebene, auf welcher interkulturelle Kommunikation stattfinden kann, noch nicht gefunden sei. Diskurse westlicher abendländischer Tradition laufen fehl bei der Beschreibung afrikanischer Realitäten.

Anschließend werden Aspekte der Notwendigkeit wissenschaftlicher Diskurse aufgeführt. Diese können wirtschaftlich, ökologisch, idealistisch, und im Weitern sicherheitspolitisch sowie machtpolitisch sein.

Schluss

Versuchen wir nun, die Eingangs gestellten Fragen zu beantworten.

Interkulturelle Kommunikation ist nach wie vor kein praktizierter Tatbestand. Wie kompliziert sich das gegenseitige Verstehen mit den dazugehörigen Sinnhorizonten gestaltet, ist dargestellt worden.

Vor allem in der Entwicklungszusammenarbeit ist die Konfrontation mit völlig differenten Auffassungen vom Funktionieren des Lebens unausbleiblich. Man muss sich hüten vor zu schnell gemachten normativen Bezugnahmen. Eine Diskussion, welches System *besser* funktioniert, kann immer nur durch das Anlegen von Kriterien, wie beispielsweise Effizienz, Wachstum oder Entwicklung geführt werden. Wobei die angelegten Kriterien den normativen Hintergrund bilden, denn sie transportieren ebenso einseitig definierte Inhalte.

Angelegte Bewertungsmaßstäbe können dann verschiedener Natur sein. Es können Bewertungsmaßstäbe wie das Wirtschaftswachstum und somit eine Verbesserung der Lebensumstände der Bevölkerung genauso angebracht werden, wie die Abholzung des Regenwaldes und der damit einhergehenden Vernichtung tausender Tierarten und der Ressourcen für die gesamte Menschheit.

Interkulturelle Kommunikation muss demnach mehr beinhalten, als die bloße Übersetzung von einer Sprache in eine andere. Etwas Kulturrelativismus kann hierbei nur fruchtbar sein.

Manchmal hat man das Gefühl, im Westen etabliert sich ein Drang zur Entwicklung der ehemals kolonialen Welt aus dem Schuldbekenntnis, dass der Kolonialismus dem Westen ein Kind hinterlassen hat, welches bereits in den Brunnen gefallen ist und nun auf die westliche Hilfe wartet.

Was die Stabilität der politischen Ordnung im Süden Afrikas betrifft, kann man Trends beobachten: Zunahme der Bürgerkriege und Staatszerfall. Liegt es nun einer willkürlichen

Grenzziehung, wie Jörg Fisch in seinem Artikel „Gerechte Grenzen kann es nicht geben"[37] fragt oder an der venalen Akkumulation? Eine ursächliche Erklärung kann sich nur aus der Analyse aller Fakten ergeben. Folglich ist es schwer, eine sprachliche Determination der heutigen Herrschaftssituation im südlichen Afrika auszumachen. Ursprüngliche archaische Strukturen gibt es nur noch rudimentär. Die Überformung der einstigen Herrschaftssysteme lässt die sprachliche Determination schwer erkennen.

Die Situation der Herrschaft heute haben wir aufgezeigt.

Westliche Diskurse darüber gehen nach wie vor zu stark von abendländischen Denkmustern aus. Eine Gemeinschaft beispielsweise ohne Staat zu denken, fällt sehr schwer.

Trotzdem muss in unser aller Interesse die Frage formuliert werden, ob alternative Entwicklungsmodelle zum westlichen in einer globalen Welt möglich sind.

---

[37] *Fischer verweist auf eine Differenz zwischen der Theorie, welche er als prinzipientreue antikolonialistische Rhetorik charakterisiert und der politischen Wirklichkeit. Zu Grenzen, wie sie in der Theorie gesehen werden schreibt er: „Sie sind willkürlich und ungerecht. Sie zerschneiden, was zusammengehört, und zwingen zusammen, was auseinander strebt. ... Sie verursachen immer wieder Kriege und Bürgerkriege." (S.11)*
In der politischen Praxis besteht die sog. uti possidetis, die Heiligkeit und Unantastbarkeit aller von den Kolonialmächten hinterlassenen Grenzen. Dieser Grundsatz wurde auch 1964 von der Organisation der Afrikanischen Einheit vertreten.

6. Bibliographie

Anderson, Jon Lee: Eine Geschichte von Blut und Öl, DIE ZEIT, Nr.11, 2001, S. 17-22

Cesana, Andreas: Kulturelle Identität, Inkommensurabilität und Kommunikation, in Mall, R.A. und Notker Schneider: Ethik und Politik aus interkultureller Sicht, Reihe: Studien zur Interkulturellen Philosophie, Bd.5, 1996, S.119-130

Elwert, Georg: Ausdehnung der Käuflichkeit und Einbettung der Wirtschaft - Markt und Moralökonomie, in: Klaus Heinemann [Hrsg.]: Soziologie wirtschaftlichen Handelns, Sonderheft Nr.28 der Kölner Zeitschrift für Soziologie und Sozialpsychologie, Opladen, 1987, S.300-321

Elwert, Georg: Der entwicklungspolitische Mythos vom Traditionalismus, in Goetze, Dieter und Heribert Weiland [Hrsg.]: Soziokulturelle Implikationen technologischer Wandlungsprozesse, Reihe: SSIP Bulletin Nr.52, Verlag Breitenbach Publishers, Saarbrücken, Fort Lauderdale, 1983, S.29-55

Fisch, Jörg: Gerechte Grenzen kann es nicht geben, in der überblick - Zeitschrift für ökumenische Begegnung und internationale Zusammenarbeit, 36. Jahrgang, 4/2000, S. 11-15

Horstmann, Axel: Interkulturelle Hermeneutik - Eine neue Theorie des Verstehens?, in Deutsche Zeitschrift für Philosophie: Zweimonatsschrift der internationalen philosophischen Forschung H.3 Jg.47, 1999, S.427-448

Kappel, Robert u.a.: Memorandum zur Neubegründung der deutschen Afrikapolitik, Frieden und Entwicklung durch strukturelle Stabilität, c/o Institut für Afrikanistik der Universität Leipzig, Burgstr. 21, D-04109 Leipzig, 2000

Kassé, Maguéye: Interkulturelle Kommunikation im Globalisierungsprozeß - Afrika und Europa, in Utopie Kreativ: Diskussion sozialistischer Alternativen H. 103/104, 1999, S.86-91

Macamo, Elisio Salvado: Was ist Afrika? Zur Geschichte und Kultursoziologie eines modernen Konstrukts, Dunckner & Homblot, Berlin, 1999

Mair, Stefan: Deutsche Interessen in Afrika südlich der Sahara, in Stiftung Wissenschaft und Politik, Forschungsinstitut für internationale Politik und Sicherheit, Ebenhausen/Isartal, 6/1997

Mead, Georg Herbert: Geist, Identität und Gesellschaft, Suhrkamp, Frankfurt am Main, 1995
Mergner, Gottfried: Theoretischer Diskurs zum ,,Eurozentrismus", in Basu, Sanchita u.a. [Hrsg.] Eurozentrismus: ?Was gut ist, setzt sich durch? Studienreformprojekt ,,Eurozentrismus in der Lehre", IKO - Verlag für Interkulturelle Kommunikation, Frankfurt am Main, 1999, S. 55-67

Patzelt, Werner J.: Einführung in die Politikwissenschaft, Rothe Passau, 1993
Savigny, Eike von: Sprachspiele und Lebensformen: Woher kommt die Bedeutung in Eike von Savigny [Hrsg.]: Ludwig Wittgenstein - Philosophische Untersuchungen, Akademie Verlag, Berlin, 1998, S. 7-39

Savigny, Eike von: Wittgensteins ,,Philosophische Untersuchungen", Bd.1, Vittorio Klostermann, Frankfurt am Main, 1994

Schneider, Hans Julius: Kommunikation ohne Basis. Grundlagenprobleme interkultureller Verständigung, in Luutz, Wolfgang [Hrsg.]: Das ,,Andere" der Kommunikation - Theorien der Kommunikation, Leipziger Schriften zur Philosophie, Leipziger Universitätsverlag, 1997, S. 17-32

Tetzlaff, Rainer: Der Wegfall effektiver Staatsgewalt in den Staaten Afrikas, in Ipsen, Knut u.a. [Hrsg.]: Die Friedens-Warte, Journal of International Peace and Organziation, Bd.74, 1999, Berlin Verlag, S.307-330